Madame

Raymond PLANTÉ

MADAME RAYMOND PLANTÉ

Au moment de mettre sous presse, nous apprenons une bien douloureuse nouvelle.

Madame Planté, née de Lestapis, a succombé, hier soir, mardi, à Orthez, après plusieurs mois de vives souffrances.

Le temps nous manque pour parler des vertus, de la charité et de la bonté de celle que la mort vient ainsi de ravir à la tendresse des siens et à l'affection de tous ceux qui l'ont connue.

Mme Planté était veuve de M. Raymond Planté, ancien député et maire de la ville d'Orthez, où son fils, M. Adrien Planté, qui a été égalemement député des Basses-Pyrénées, remplit aujourd'hui les mêmes fonctions de maire.

Le cruel évènement qui frappe la famille de Madame Planté touchera bien des cœurs. Nous ne pouvons en ce moment que lui exprimer nos sentiments de profonde sympathie en lui disant combien nous prenons part à son immense douleur.

Les obsèques de Madame Planté auront lieu à Départ-Orthez, vendredi matin, 6 février, à 10 heures.

(Mémorial des Pyrénées, du 5 février 1885.)

Ce matin ont eu lieu, à Orthez, les obsèques de Madame Planté, née de Lestapis, dont nous avons annoncé la mort.

La cérémonie a été célébrée à l'église de Départ au milieu d'un grand concours de population ; on peut dire que tous les habitants d'Orthez et des communes environnantes avaient voulu s'associer par leur présence à la grande douleur de M. Adrien Planté.

La ville de Pau, où la regrettée défunte comptait de nombreuses et respectueuses sympathies, était largement représentée. La foule était tellement considérable que les avenues qui mènent à l'église, et la promenade sur laquelle elle est située, étaient remplies de groupes qui n'avaient pas réussi à trouver place dons son enceinte.

Cette manifestation spontanée était une preuve de la juste popularité dont M. Adrien Planté, maire d'Orthez, jouit dans sa ville natale ; et si le concours empressé d'une foule émue ne peut adoucir une grande douleur, il est du moins le gage précieux de sentiments auxquels une famille cruellement frappée sera particulièrement sensible.

Chacun voulait rendre hommage à la mémoire d'une femme de bien dont la vie entière s'écoula dans le devoir ; de grandes émotions familiarisèrent son âme avec les amertumes de l'existence ; mais Madame Raymond Planté éprouva aussi comme épouse et comme mère de grandes consolations. Les dernières années de sa vie furent celles d'une grande chrétienne : son concours était assuré à toutes les œuvres charitables ; elle aimait le bien pour le bien ; elle est de celles dont on peut dire avec raison que la main droite ignorait ce que donnait la main gauche.

Esprit élevé, grande distinction, dévouement à toute épreuve, tels étaient les côtés dominants d'une nature d'élite dont les souvenirs survivront longtemps. Aussi n'étions-nous pas surpris, ce matin, devant l'amoncellement de la foule qui se pressait autour de la dépouille mortelle de Madame Planté. L'émotion était générale, parce que les regrets étaient sincères.

(Mémorial des Pyrénées du 7 février 1885.)

———

La mort fauche autour de nous sans distinction. Dimanche, c'était Mlle Charlotte de Baure, qui succombait à Ste-Suzanne ; le lendemain, M. le marquis de Candau, qui s'éteignait à Castetis, à l'âge de 85 ans.

Plus près de nous encore, elle frappait presque à la même heure madame Raymond Planté, veuve de l'ancien député de l'arrondissement et maire d'Orthez, que son fils a remplacé aux dernières élections municipales.

Depuis la mort de son mari, madame Planté vivait retirée du monde, consacrant sa vie à sa famille et aux pauvres, qui avaient en elle une protectrice dévouée, chez laquelle la générosité s'affirmait autant qu'elle prenait soin de ne point se faire voir.

La foule qui accompagnait hier sa dépouille mortelle jusqu'à sa dernière demeure, rend mieux témoignage de sa vie que nous ne le saurions faire. Son fils a dû être réconforté dans sa cruelle épreuve par l'éclatante marque de sympathie que lui a donnée notre population.

(Mercure d'Orthez du 7 février 1885).

Les journaux des Basses-Pyrénées nous apprennent une douloureuse nouvelle : Mme Raymond Planté vient de succomber, à Orthez, à une longue et douloureuse maladie.

Nous avons assisté, le cœur profondément ému, à la cérémonie de ses funérailles, et nous avons pu mesurer à l'affluence considérable qui se groupait autour de son cercueil, aux pieuses démonstrations dont sa mémoire a été l'objet, à la douleur empreinte sur tous les visages, l'estime et l'affection sincères dont jouissait parmi toutes les classes de la société cette femme accomplie, toute faite de bonté, de piété et de dévouement poussé jusqu'à l'héroïsme.

Douée d'une belle intelligence et d'un grand cœur, Madame Planté faisait le charme de tous ceux qui l'approchaient, et ses amis conserveront longtemps le souvenir de cette aménité de caractère qui ne se démentit jamais, de ces manières toujours aimables qui lui conciliaient tous les cœurs.

Les œuvres charitables dont elle était la providence, la pleurent en ce moment parce qu'elles ont perdu en elle un de leurs plus puissants soutiens, et que la main toujours ouverte, qui donnait sans calculer, vient d'être fermée par la mort. Les pauvres, dont elle était la mère, et dont elle voulut jusqu'à son dernier soupir soulager les infortunes par ses abondantes aumônes, ne peuvent se consoler de la voir disparaître pour jamais ; aussi, sont-ils venus prouver en grand nombre par leur attitude pleine de respect et les larmes qui sont tombées de leurs yeux, que la reconnaissance est dans leurs cœurs et qu'ils garderont dans leur mémoire, gravé en caractères ineffaçables, le souvenir de celle qui fut pour eux comme une incarnation de la charité.

Nous eûssions été étonnés que toutes les classes de la société ne se fussent pas donné rendez-vous auprès de la tombe de la femme de bien que la ville d'Orthez vient de perdre ; nous avions le droit d'espérer beaucoup, et pourtant ce que nous attendions a été dépassé. Aussi, sommes-nous heureux de constater avec une émotion dont nous ne voulons pas nous défendre et une satisfaction que nous n'essaierons pas de dissimuler, la présence à la funèbre cérémonie des principales notabilités des Pyrénées et des Landes, l'immense affluence d'une multitude que l'enceinte sacrée avait de la peine à contenir, et le concert d'éloges que nous avons entendu sortir de toutes les bouches, dont les notes éparses, si nous les recueillions, nous aideraient à composer la plus glorieuse des oraisons funèbres.

Il est des peines trop poignantes et trop profondément senties pour qu'il ne soit pas téméraire d'essayer d'en adoucir l'amertume par de banales consolations ; nous avons trop de respect pour la douleur qui à cette heure oppresse des cœurs amis, et nous la partageons trop vivement pour que la pensée nous vienne d'en troubler le silence solennel. Si nous avons écrit ces lignes, c'est pour obéir à un besoin du cœur. C'est notre manière à nous de témoigner notre respectueuse et affectueuse sympathie ; nous prions les familles de M. Adrien Planté et de M. Léon-Dufour, d'en agréer ici l'expression très sincère.

(Nouvelle-Chalosse du 8 février 1885).

—⁓⁓⁓—

Nous apprenons la mort à Orthez de Madame Raymond Planté, née de Lestapis, mère de M. Adrien Planté, ancien député et maire d'Orthez. Douée des plus grandes qualités, Madame Planté laisse après elle de bien vifs et de bien sincères regrets.

Ses obsèques ont eu lieu vendredi à Orthez au milieu d'une affluence considérable qui était venue de tous les points du département se joindre à la population d'Orthez pour rendre un dernier hommage à la regrettée défunte et s'associer au deuil si profond de son fils.

8

Nous tenons à nous y associer bien sincè-
rement.

(*Pau-Gazette* du 8 février 1885.)

Hier matin ont eu lieu à Orthez, les obsèques
de Mme Planté, née de Lestapis, dont nous avons
annoncé la mort.

La cérémonie a été célébrée à l'église de
Départ au milieu d'un grand concours de population; on peut dire que tous les habitants
d'Orthez et des communes environnantes avaient
voulu s'associer par leur présence à la grande
douleur de M. Adrien Planté.

La ville de Pau, où la regrettée défunte comptait de nombreuses et respectueuses sympathies,
était largement représentée. La foule était tellement considérable que les avenues qui mènent
à l'église, et la promenade sur laquelle elle est
située, était remplie de groupes qui n'avaient
pas réussi à trouver place dans son enceinte.

(*Gazette de France* du 9 février 1885.)

Mme Planté, née de Lestapis, est morte mardi
soir à Orthez après plusieurs mois de cruelles
souffrances.

Mme Planté était veuve de M. Raymond Planté,

ancien député et maire de la ville d'Orthez, où son fils, M. Adrien Planté, qui, lui aussi, a été député des Basses-Pyrénées, remplit aujourd'hui les fonctions de maire.

Vendredi ont eu lieu les magnifiques obsèques, auxquelles assistaient plus de 4,000 personnes.

M. Adrien Planté a été substitut à Dax et procureur à Mont-de-Marsan ; aussi plusieurs notabilités des Landes étaient comme perdues dans cet immense cortége, dont auraient voulu pouvoir faire partie tous ceux qui ont pu apprécier la courtoisie parfaite et l'extrême obligeance de M. Planté, c'est-à-dire tous ceux qui l'ont connu à un titre quelconque.

(Réveil des Landes du 12 février 1885.)

———~~~~———

La ville d'Orthez est dans le deuil !... Madame Raymond Planté a été ravie à la vive affection de sa famille et de ses nombreux amis le jour même où l'Eglise catholique adorait dans son agonie Celui dont la grande chrétienne a si bien suivi les traces sur la terre.

La sollicitude incessante avec laquelle on a suivi les péripéties de sa longue et douloureuse maladie, la consternation répandue sur tous les fronts à la nouvelle de sa mort, les regrets unanimes de tout un peuple qui oublie, pour la pleurer, ses opinions politiques et religieuses, l'éclatante manifestation qu'ont provoquée ses funérailles permettent d'affirmer qu'en nous quittant Madame Raymond Planté a laissé un vide qui sera bien difficilement comblé.

Mais aussi que de vertus la recommandaient à l'estime et à l'affection publique! Dieu, dit Bossuet, lorqu'il créa le cœur de l'homme, y mit premièrement la bonté. Jamais nous n'avons trouvé cette parole plus vraie qu'en voyant à l'œuvre cette âme élevée dont la constante devise nous paraît avoir été de se dévouer et de s'oublier pour les autres. Nous proclamons bien haut, — et nous ne craignons pas d'être démentis par ces œuvres si nombreuses qui trouvèrent toujours chez elle secours et protection — Madame Raymond Planté fut comme le type achevé de la femme de bien; elles ne nous démentiront pas davantage ces multitudes de pauvres qui la pleurent aujourd'hui, dans le sein desquels elle déversa avec un discernement judicieux, un tact exquis et une générosité rare les profusions de son inépuisable munificence. Témoin bien souvent et quelquefois l'instrument de ses pieuses libéralités, nous ne trahirons pas des secrets qu'elle tenait tant à ensevelir dans l'oubli; mais nous aurons tout dit en assurant, avec la conviction que nous donne l'évidence de la vérité, qu'elle se montra toujours ce que d'après le vœu des divines Ecritures devraient être tous les fortunés de ce monde, *l'économe des malheureux* gémissant dans l'indigence.

Ce dévouement de tous les instants qui ravissait d'admiration les rares priviligiés admis à en connaître les formes multiples, elle le puisait dans son ardent amour pour Dieu. Et ici que n'aurions-nous pas à dire de cette piété à la fois tendre et forte, ennemie de ces transactions et de ces lâches compromissions si familières à la dévotion contemporaine, de cette délicatesse d'âme que la moindre imperfection effarouchait, de son amour pour l'Hôte des tabernacles, de son zèle pour la beauté de la maison de Dieu, de son culte pour le sacerdoce, de son dévouement pour l'Eglise!

Ceux qui la voyaient traduire ces vertus dans les détails intimes de sa vie privée, et dans les relations toujours si aimables qu'elle entretenait avec le monde, la trouvaient heureuse; ils ne se doutaient pas que son cœur, qui paraissait surabonder d'une joie sans mélange, était bien souvent le théâtre de douloureuses perplexités et de cruelles alarmes.

Cette âme dont rien n'aurait dû troubler la sérénité était parfois bouleversée au souvenir des jugements de Dieu. Pour nous, nous n'en sommes nullement surpris, nous savons que l'esprit de crainte est un don du Seigneur et que David le demandait comme une grande grâce au ciel ; nous savons que l'Ecriture proclame bienheureux l'homme qui tremble toujours, que les anacho‑rètes de la Thébaïde étaient avant de mourir livrés à d'inexprimables angoisses, qu'après une longue vie de pénitence, Augustin s'écrie qu'en vain, dans les livres que son génie a parcourus, il a cherché à se rassurer, qu'aucune page ne le dis‑pense de vivre dans une salutaire terreur.

Ne nous étonnons donc pas que les âmes, par Dieu appelées à une sainteté plus qu'ordinaire, passent par de semblables épreuves.

Parce que Madame Raymond Planté aimait beaucoup son Dieu, la pensée de ses justices pénétrait son âme jusque dans ses plus intimes profondeurs. « Je ne puis pas croire, nous di‑sait-elle un jour naïvement, que l'enfer soit pour moi ; Dieu est si miséricordieux qu'il m'aura fait grâce ; mais penser que je devrai lui rendre compte de toute ma vie, qu'avant de jouir de son ciel, il me faudra souffrir dans le Purgatoire ; oh! quelle poignante douleur ! » Et cette épreuve a duré jusqu'à la fin de sa vie. Dieu voulait sans doute l'épurer, la faire passer par le creuset de la tribulation pour lui laisser le mérite d'une lutte prolongée et couronnée par la plus éclatante vic‑toire.

Le calme vint quelques jours avant le terrible passage. Nous mettrons longtemps à oublier la scène attendrissante qui marqua les derniers jours de sa laborieuse carrière. Voyant approcher le fatal dénouement dont la perspective seule l'avait si souvent glacée d'effroi, regardant avec un calme et une sérénité qu'elle ne se connaissait pas, et que Dieu lui accordait comme la récompense de ses persévérants efforts, le terme de sa vie, elle s'écria avec un accent qui traduisait toutes les émotions de son âme résignée : « Mon Dieu, je m'abandonne entièrement entre vos mains, mon sacrifice est fait, j'accepte la mort avec ce qui l'accompagne et tout ce qui la suit, quand il vous plaira de me l'envoyer, et, si vous le voulez, à l'instant même ; je puis le dire avec mon Sauveur, tout est consommé, je suis prête. »

Elle était prête, en effet, et le mardi 3 février, à l'entrée de la nuit, Madame Raymond Planté, chargée d'années et de mérites, rendait, presque sans agonie et sans secousse, sa belle âme à Dieu.

Nous n'avons pas entrepris de décrire la vie féconde de cette femme si distinguée par son nom et sa naissance, plus distinguée encore par les vertus qu'elle pratiqua ; nous ne voulons pas davantage faire l'histoire de sa famille, si pleine pourtant de glorieux souvenirs. Nous aurions à évoquer le nom de M. Raymond Planté, ancien député et maire d'Orthez, que 28 ans écoulés n'ont point fait oublier ; nous aurions, et la tâche nous serait bien douce, à décerner un éclatant et public hommage à M. Adrien Planté, le vaillant chrétien, le spirituel écrivain, l'homme sympathique que tout le monde connaît, que la confiance de ses concitoyens envoya dans nos grandes assemblées et plaça récemment encore à la tête de notre ville. Ce que nous voulons, c'est écrire une page et déposer un témoignage de notre affectueuse vénération sur une tombe aimée et dire tout haut ce que tout le monde pense tout bas.

On répète bien souvent que la reconnaissance est un sentiment qui tend de plus en plus à disparaître de notre société. Nous nous inscrivons en faux contre cette affirmation avec la ville d'Orthez toute entière. Nous en appelons à l'émouvant spectacle auquel il nous a été donné d'assister vendredi ; à ces multitudes qu'une enceinte trois fois plus considérable n'aurait pu contenir ; à ces 46 prêtres, parmi lesquels nous avons remarqué MM. les archiprêtres de Pau et d'Orthez, venus spontanément pour former autour des restes de la pieuse défunte une magnifique et glorieuse couronne ; à ces légions d'enfants et de jeunes congréganistes dont nous avons été si heureux d'entendre les voix mélodieuses ; aux représentants de nos grandes communautés religieuses d'hommes et de femmes ; à toutes ces notabilités du département accourues auprès de M. Adrien Planté et des membres si distingués de sa famille pour leur apporter le témoignage éclatant de leurs vives sympathies.

Une fois de plus, nous avons pu nous convaincre, auprès du cercueil de Madame Raymond Planté, qu'il est une vertu qui reçoit déjà sa récompense sur la terre, c'est la charité.

Nous ne savons quelle inscription viendra sur le marbre de sa tombe retracer en quelques mots l'histoire de sa vie. Pour nous, nous la trouverions parfaitement résumée dans ces paroles des saints Livres que nous lui appliquons avec une entière assurance : *Aimée de Dieu et des hommes, sa mémoire demeurera en bénédiction, car elle a passé en faisant le bien.*

L'abbé LAMAIGNÈRE (du diocèse d'Aire).

(*Semaine religieuse des diocèses de Bayonne, Tarbes, Aire et Dax*, du 15 février 1885.)

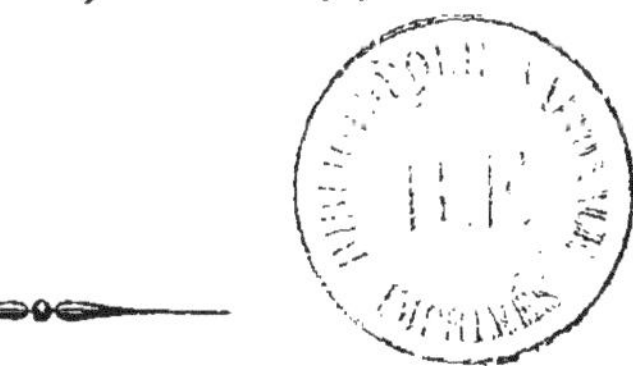

Pau, impr. Vignancour. — F. Lalheugue, imprimeur.